Y 6087
Xbc 6

Y₂ 11187

LE CAVEAU.

MOTS DONNÉS.

20 AOUT 1848.

PARIS.
TYPOGRAPHIE & LITHOGRAPHIE DE A. APPERT,
Passage du Caire, 54.

1848.

Ce petit recueil est publié pour conserver le souvenir d'une réunion annuelle qui a eu lieu aux Thernes le 20 août 1848.

CHANSONS

DES

MEMBRES DU CAVEAU.

MOTS DONNÉS.

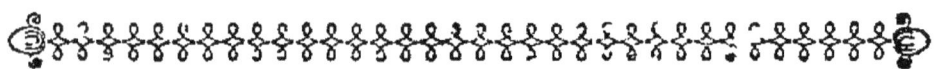

LE COMMUNISME.

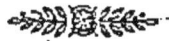

Air *de l'Écu de Six Francs.*

Le communisme n'est qu'un songe,
Et je crois que ses partisans
Cèdent à l'attrait d'un mensonge,
Ou ne sont que de faux croyants.
En suivant leur idéalisme,
Pensent-ils donc pouvoir soudain
Changer d'un mot le cœur humain,
Pour le soumettre au communisme?

Le moi gouverne encor le monde,
Et nul mortel ne s'y soustrait ;
La loi même la plus féconde
Devant lui s'incline et se tait.
Toujours quelque peu d'égoïsme
Nuit aux plus nobles actions ;
La moindre de nos passions
Ferait crouler le communisme.

Les fruits que le labeur dispense,
Souvent si longs à recueillir,
Germent au feu de l'espérance,
Le bonheur est de les saisir...
Il faut plus que du stoïcisme
Pour abandonner sans regret,
Ce que le travail nous donnait
Sans le secours du communisme.

Celui qu'un amour pur engage,
Fier d'un exclusif sentiment,
Accepterait-il le partage
Du bien auquel seul il prétend?..
Il vous taxerait de cynisme,
Et d'amant, s'il devient époux,
Se montrera-t-il plus jaloux
De vivre dans le communisme?

Le jour où le même salaire
Pour chacun sera limité,
Trouverez-vous dans chaque frère
Même ardeur, même activité ?
Ah ! si j'avais votre optimisme,
Je n'aurais qu'à juger les mœurs
De nos modernes travailleurs,
Pour me guérir du communisme.

Ferez-vous qu'une même flamme
Puisse en tous les cœurs rayonner ?
Les beautés du corps ou de l'âme
A tous pourrez-vous les donner ?
Malgré plus d'un adroit sophisme,
Pourrez-vous partager l'esprit ?
Tout ce que Dieu nous répartit
Est à l'abri du communisme.

De vos dogmes, la conséquence
Étant de tout égaliser,
D'éclat, de gloire ou de science,
Nul ne voudra rivaliser...
Les talents, les arts, l'héroïsme,
Saisis d'un mutuel dégoût,
Iront s'éteindre en ce grand tout
Que vous nommez le communisme.

Si j'ai bien compris vos doctrines,
Dupes d'un progrès décevant,
Vous feriez, avec des ruines,
Du monde un immense couvent.
C'est de l'anti-socialisme
Qu'une telle société ;
C'est étouffer la liberté
Sous l'éteignoir du communisme.

Qu'un sage progrès s'accomplisse,
Mais voyons l'homme tel qu'il est ;
N'allons pas saper l'édifice,
En croyant le rendre parfait...
Des leçons du christianisme
Tâchons de profiter encor,
Et n'entravons pas son essor
En y greffant le communisme.

Auguste GIRAUD,
Membre titulaire.

PARADE.

Air : *de la Famille de l'Apothicaire.*

Dans mon sujet j'ai cru d'abord
Trouver une mine féconde :
Je m'aperçois que j'avais tort ;
En difficultés il abonde.
L'indulgence même a proscrit
Mon œuvre insipide et maussade,
Et je sens que de mon esprit
Je ne puis pas *faire parade !*

Sous vos burlesques oripeaux,
Arlequin, Gille, et toi Cassandre,
Reparaissez sur les tréfaux
Avec Colombine et Léandre :
De maint acteur à grand succès
Le jeu me paraît un peu fade,
Et plus d'un artiste, aux Français,
Me fait regretter *la parade !*

Quand Damis, au milieu d'un bal,
Vient étaler son élégance,

On voit pâlir plus d'un rival,
Frappé de sa noble prestance.
Combien de pauvres cœurs dupés
Devant lui battent la chamade!
Eh! mesdames, vous vous trompez;
Ce n'est qu'un *cheval de parade!*

Figeac ayant lâché le frein
À sa fanfaronne insolence,
Forcé d'aller sur le terrain,
Faisait piteuse contenance.
Il s'écrie, en rompant d'un pas,
Atteint par une estafilade :
Eh sandis! vous n'attendez pas
Qué jé mé mette *à la parade!*

Contre nos soldats citoyens,
On aiguisa mainte épigramme;
Et l'émeute, par cent moyens,
Crut jeter l'effroi dans leur âme.
Au jour fatal... ils ont fait voir,
Bravant mitraille et barricade,
Qu'ils savaient faire leur devoir
Ailleurs encor qu'*à la parade!*

Ici-bas, chétif et sans bien,
J'ai fait à l'ennui rude guerre :
A cinquante ans je ne suis rien,
Et, ma foi! je ne m'en plains guère.

Pour parvenir trop indolent,
Devancé par maint camarade,
Je n'ai jamais eu pour talent
Celui de me mettre *en parade !*

Combien j'ai vu de chansonniers
Gagner l'éternelle demeure !
Comme ces joyeux devanciers,
Charmons jusqu'à la dernière heure.
Dans le verre du bon Panard (1)
Buvons tous à la régalade,
Puisqu'il nous faudra, tôt ou tard,
Comme eux *défiler la parade !*

C'est trop abuser des instants;
Je termine ici la séance :
Si je *paradais* plus longtemps,
Je choquerais la bienséance.
La muse a trahi mon effort,
Et je mérite une algarade :
Pourtant ne frappez pas trop fort,
Car je suis *prompt à la parade !*

Paul VAN CLEEMPUTTE,
Membre titulaire.

(1) Le Caveau possède le verre de Panard.

LE REPRÉSENTANT.

Air *de Yelva.*

Un bon Français, pour servir la patrie,
A cent chemins qui s'offrent à son choix ;
Si l'artisan fait fleurir l'industrie,
Le magistrat fait respecter les lois.
Heureux celui qui, par la confiance
Qu'inspire à tous son mérite éclatant,
Peut obtenir de notre belle France
L'insigne honneur d'être représentant.

Dans quelque rang qu'il ait choisi sa place,
Il doit unir courage et loyauté ;
Autour de lui l'émeute envain menace :
Rien ne pourra troubler sa fermeté.
Il doit savoir, dans l'ardeur qui le brûle,
Sans qu'on le voie hésiter un instant,
Braver la mort sur sa chaise curule...
C'est le devoir d'un vrai représentant.

Pour repousser la hideuse anarchie,
Il doit combattre, et de cœur et d'esprit,
Ces partisans d'une vaine utopie,
Tristes rêveurs que l'orgueil seul conduit.
Fi ! du rhéteur, qui ne trouve de verve
Que pour prôner un système irritant :
De son pays, qu'il trompe et qu'il énerve,
Non ! celui-là n'est pas représentant.

Nul ne saurait des torts de la fortune
Se présenter comme le redresseur :
Aux citoyens que la loi soit commune !
Qu'en tout Français elle ait un défenseur !
Grands ou petits, la ville ou la campagne,
Dans le plateau doivent peser autant ;
Sur notre sol, tout, excepté le bagne,
Aura ses droits et son représentant.

De par le sort, la sombre politique,
Bien malgré moi, vient attrister mes vers,
Ambitieux et trop patriotique,
J'ai pris, je crois, mon sujet de travers.
Mais, par bonheur, si ma muse engourdie,
Pour aujourd'hui vous endort en chantant,
Je sais qu'ici le dieu de la folie
Aura, sans moi, plus d'un représentant.

A. BUGNOT,
Membre titulaire.

LES CLUBS.

AIR : *Quand un tendron vient en ces lieux.*

Il existe au sein de Paris
D'aimables assemblées,
Qui des braves gens du pays
Sont, chaque jour comblées;
Comme il y fait et chaud et clair,
J'y prends du plaisir tout l'hiver,
    Pas cher.
Oh oh oh oh, ah ah ah ah,
Quel doux moment je passe là,
    La la.

J'étais ignare, j'en conviens,
    Avant la République,
Mais depuis les clubs, je deviens
    Un très fort politique :
A quiconque m'interpella
Moi je réponds : ceci, cela,
    Voilà.
Oh oh oh oh, ah ah ah ah,
Que de science on acquiert là,
    La la.

Là, rien d'exclusif, de mesquin,
   Mais un juste équilibre
Pourvu qu'on soit républicain,
   L'opinion est libre ;
On dit, on fait selon ses vœux,
Pourvu qu'on ait l'air furieux
    Et gueux.
Oh oh oh oh, ah ah ah ah,
Que de liberté on a là,
   La la.

Des orateurs pleins de moyens
Font là mainte requête,
L'un vient vous dire : citoyen,
   Moi, tout cela m'embête.
Quelqu'un répond : ça m'est égal,
L'autre alors l'appelle animal,
    Cheval !
Oh oh oh oh, ah ah ah ah,
Quelle éloquence on lance là,
   La la.

Des grands intérêts du pays
   La discussion close,
Au cabaret tous ces amis
   Vont prendre quelque chose;
Sur la table on boit tant de coups
Que les gaillards tombent dessous,

Bien saouls.
Oh oh oh oh, ah ah ah ah;
Ah quels solons on trouve là,
    La la.

Vous qui n'êtes jamais entrés
    Dans ce lieu remarquable,
Allez au club des modérés,
    C'est le plus agréable;
On s'y flanque des coups de poings,
    Mais on ne s'estime en tous points
        Pas moins.
Oh oh oh oh, ah ah ah ah,
Quel bon accord on trouve là,
    La la.

On me jette soir et matin
    Mille noms à la tête;
On m'appelle vieux Jacobin,
    Vieux gredin, vieille bête;
Qu'on me traite comme on voudra,
Ma voix, tant qu'un club restera,
    Dira:
Oh oh oh oh, ah ah ah ah,
Quel doux moment on passe là,
    La la.

                MOINAUX,
            Membre titulaire.

L'ORDRE DU JOUR.

Air : *de Pilati.*
(*A genoux devant le soleil.*)

C'était, si j'ai bonne mémoire,
En mil sept cent quatre-vingt neuf,
Pour se requinquer dans l'histoire,
La France mit un habit neuf;
Alors, dans une salle immense,
Chacun vint parler tour à tour :
On n'inventa pas l'éloquence,
On inventa l'*ordre du jour.*

Depuis ce temps la France applique
L'ordre du jour comme une loi;
Sous la première République,
Il fit décapiter un Roi.
Dans cette fatale tempête,
Plus d'un tribun est resté court :
Car on faisait tomber sa tête
Quand le voulait l'ordre du jour.

Bonaparte veut qu'on le craigne:
L'ordre du jour c'était le sien.
Le Français était, sous son règne,
Plutôt soldat que citoyen;
Les lois se faisaient sans réplique,
Au son du clairon, du tambour;
Lui parlait-on de république?
Il passait à l'ordre du jour.

Charles X aimait les *Jésuites*,
Les prêtres aimaient Charles dix :
Il pensa, grâce aux *casuistes*,
Aller tout droit en Paradis.
Louis-Philippe crut mieux faire,
A la réforme il resta sourd :
Pour tous les deux la France entière
A changé son ordre du jour.

A cette superbe assemblée
De nos neuf cents représentants,
On entend obtenir d'emblée
L'ordre du jour à tous instants.
Lorsqu'il s'agit des prolétaires,
On parle contre, on parle pour;
Puis, comme on a d'autres affaires,
Chacun passe à l'ordre du jour.

L'ordre du jour surtout défile
A propos des pétitions :
Pour une qui peut être utile,
Il en est vingt dont nous rions.
D'un époux la femme ennemie
Du divorce veut le retour;
L'époux veut la polygamie,
Mais on passe à l'ordre du jour.

D'autres vont bien plus loin encore;
Car, au nom de la liberté,
Le socialisme dévore
Et famille et propriété.
« Ne payez pas, bons locataires, »
Dit Monsieur Proudhon sans détour :
Aussitôt les propriétaires
Réclament tous l'ordre du jour.

On prétend qu'à l'Académie
L'ordre du jour a des succès ;
Quand elle n'est pas endormie,
L'assemblée entend le français :
Qu'un immortel lise un poème
D'un style ambitieux et lourd,
Pendant qu'il débite son thème,
Bâiller est à l'ordre du jour.

Un vieux richard se met en tête
De courtiser jeune beauté :
La fine mouche, assez coquette,
N'en a pas l'air très dégoûté.
Elle est sensible à ses largesses,
Mais lorsqu'au nom du dieu d'amour,
Il veut provoquer ses caresses,
Elle passe à l'ordre du jour.

Cet employé très méthodique,
S'il est dans son état normal,
Ainsi qu'un papier de musique,
Règle le devoir conjugal ;
Vainement sa femme, moins sage,
L'agace en lui faisant sa cour,
Il ne veut pas contre l'usage,
La nuit, changer l'ordre jour.

Les vrais amis de la bombance
Savent chanter dans un banquet :
Veut-on roucouler la romance ?
Soudain ils la chassent tout net.
Si chez nous, prenant la parole,
La raison réclame son tour,
En faveur de la gaudriole,
Nous maintenons l'ordre du jour.

LAGARDE,
Membre titulaire.

LE CRÉDIT.

AIR : *A genoux devant le soleil.*

Moi qui par goût vois tout en rose,
Afin de chasser le souci,
Du mot que le destin m'impose
Je ne viens pas me plaindre ici :
A la plus heureuse des chances
Ma verve, au contraire, applaudit,
Car je me trouvais sans finances...
Lorsqu'il m'accorda le crédit.

Les belles aiment la richesse,
Mais en dépit de maint censeur,
Je dis que la clé d'une caisse
N'est pas toujours la clé d'un cœur !
Pauvre, mais plein de prévenances,
Les galants qu'amour enhardit
Savent... par de simples avances...
Près du beau sexe être en crédit.

Français, de discordes civiles
A jamais soyons préservés !
Puis, afin de dormir tranquilles.
Laissons reposer... les pavés.
Alors que l'ouvrier s'ameute
Partout le malaise grandit,
Car lorsqu'on voit marcher l'émeute
On voit s'arrêter le crédit.

Jeune, en adorant les fillettes,
J'aimais la bachique liqueur :
Si j'ai vidé bien des feuillettes,
D'amour j'ai rempli plus d'un cœur ;
Des reproches les plus sévères
Sans jamais paraître interdit,
Pour moi baisers et petits verres
Etaient toujours pris à crédit.

Vous qui, dans vos humeurs jalouses,
Vous adjugez tous les pouvoirs,
Mais qui près de chastes épouses
Manquez... au plus saint des devoirs,
Que votre caquet se rabaisse,
Avant moi plus d'un l'a prédit :
Quand du mari la flamme baisse...
L'amant voit hausser son crédit.

Un viveur à la jeune Estelle
S'écriait, l'estomac en deuil :
Il faut que tes beaux yeux, ma belle,
Me trouvent un diner... à l'œil !
A ce seul espoir je m'accroche,
Car, hélas ! en ce jour maudit,
Je suis sans un liard dans ma poche...
Et n'ai pas un sou... de crédit.

Vous qui naissez dans l'opulence,
Songez, au sein de ses splendeurs,
Qu'ici-bas de la bienfaisance
Dieu vous fit les dispensateurs.
Pour alléger bien des misères
Qu'en France tout ne soit pas dit,
Et dans le cœur des prolétaires
Les riches seront en crédit.

Apôtres de la chansonnette,
Du trait piquant et du bon mot,
Dans nos banquets... à tant par tête,
Nos chants... ne sont pas sans *écot* !
Qu'à chacun leur franchise plaise,
Que leur esprit soit inédit ;
Et la vieille gaîté française
En tous lieux reprendra crédit.

POINCLOUD,
Membre titulaire.

LE PAVÉ.

Air : *Trou la la.*

Le pavé (*bis*)
Est d'un civisme éprouvé ;
Le pavé (*bis*)
Au pouvoir s'est élevé.

De nos carrières de grès
S'est élancé le progrès ;
Et nous avons pour régents
Des pavés intelligents.
    Le pavé, etc.

Maints systèmes dépravés
Sont éclos sous les pavés ;
Usons, pour le bien public,
De l'asphalte et du volvic.
    Le pavé, etc.

Le Français sur le pavois
Elevait, jadis, les rois ;
Mais j'ai, depuis, observé
Qu'il les *met sur le pavé.*

  Le pavé, etc.

Le ciel, dit-on, a doté
L'homme de la liberté ;
Pourtant on nous a prouvé
Qu'on la tenait d'un pavé.

  Le pavé, etc.

L'emeute, avec âpreté,
Guigne la propriété,
Et nous pose, éloquemment,
Un pavé pour argument.

  Le pavé, etc.

En dépit de nos brouillons,
Grâce aux nombreux bataillons,
L'ordre, à la fin, conservé,
Prendra *le haut du pavé.*

  Le pavé, etc.

Que l'on rouvre l'atelier ;
Bientôt, l'honnête ouvrier,
Par le travail ravivé,
Ne *battra plus le pavé.*

  Le pavé, etc.

Sous nos pas sont entassés
Des pricipes avancés,
Dont le dernier échelon
Est la doctrine Proudhon.

  Le pavé, etc.

Président ou potentat,
Il faut un maître à l'État ;
Chacun demande un sauveur ;
Nommons un maître... paveur.

  Le pavé, etc.

Bon pavé, tu conviendras
Que tu portes des ingrats ;
Toi qui t'es si bien montré,
On ne t'a pas décoré.

  Le pavé, etc.

Tout change et passe ici bas;
Renverser a tant d'appas!
Les dieux et les rois s'en vont;
Mais les pavés resteront.

Le pavé (*bis*)
Est d'un civisme éprouvé;
Le pavé (*bis*)
Au pouvoir s'est élévé.

Le Sueur,
Membre honoraire,

Et Justin Cabassol,
Membre titulaire.

PATROUILLE.

Air : *Bataille ! bataille !*

Ou : *Alerte ! alerte !*

Patrouille,
Patrouille,
Fait le tourment de bien des gens ;
Patrouille,
Embrouille
Petits et grands ! (*bis*).

Napoléon a fait *patrouille*
Du Volga jusque dans la Pouille ;
Mais pour avoir trop bataillé,
Mais pour avoir trop *patrouillé*,
Son trône fut pillé.
Patrouille, etc.

Philippe, ancien chef des *patrouilles*,
A nul pays ne chanta pouilles.
Or, faute d'avoir *patrouillé*,
Ce vieux prince, en déshabillé,
    Joue au roi dépouillé.
        Patrouille, etc.

Des Montagnards bravant la meute,
Patrouille, en marchant à l'émeute,
Pour l'ordre ainsi que pour l'honneur,
Sur la barricade, en vainqueur,
    Tu montras ta valeur.
        Patrouille, etc.

L'autrichien se met en *patrouille*,
Dans la Péninsule il farfouille ;
Mais chez nous, s'il vient *patrouiller*,
Nos soldats sauront travailler
    A le bien houspiller.
        Patrouille, etc.

Quand Paris ferme la paupière,
Sur lui veille une armée entière ;

La *patrouille grise*, à pas lents,
Des filous suit les mouvements.
 Je ne les vois pas blancs.
  Patrouille, etc.

Dans la milice citoyenne
Se glisse mainte vésuvienne :
Avec ces guerrières, sans bruit,
J'aimerais bien, sans nul habit,
 Patrouiller chaque nuit.
  Patrouille, etc.

Dans l'eau se met-on en *patrouille*,
On ressemble fort à Gribouille ;
Montrons un esprit plus malin :
Mettons-nous en *patrouille*, enfin,
 Lestés du meilleur vin.
  Patrouille, etc.

Je vois qu'à chanter la *patrouille*
Ma voix plus claire se dérouille ;
Mais je vois aussi, par malheur,
Bâiller ici chaque auditeur
 Par goût peu *patrouilleur*.

Patrouille,
Patrouille,
Fait le tourment de bien des gens;
Patrouille
Embrouille
Petits et grands (*bis*).

CHARTREY,
Membre titulaire.

LE DÉCRET.

[Air *de la Catacoua.*

A coup de décrets on espère
Remettre tout en bon état ;
Les Législateurs ont beau faire,
Tout reste, hélas ! sans résultat.
Je vais, si vous voulez m'en croire,
Vous soumettre plus d'un projet :
  Pour qu'un décret
  Ait de l'effet,
Il faut qu'il rende heureux chaque sujet ;
Décrétez qu'il faut rire et boire :
  Votre décret
  Sera parfait.

« Travaillez, prenez de la peine,
C'est le fonds qui manque le moins. »
Ainsi nous l'a dit Lafontaine,
Croyant pourvoir à nos besoins.

Aujourd'hui l'on change de mode ;
On aime l'ouvrage tout fait.
  Pour qu'un décret
  Ait de l'effet,
Décrétez donc à chacun un budjet
 Dont le travailleur s'accommode :
  Votre décret
  Sera parfait.

L'impôt sur le sel est injuste,
Depuis longtemps c'est reconnu ;
Grace à votre sagesse auguste,
Il aura bientôt disparu.
Mais, qu'est le sel ou la moutarde
Quand on vous doit repas complet ?
  Pour qu'un décret
  Ait de l'effet,
Décrétez donc, pour aller droit au fait,
 La poule au pot ou la poularde :
  Votre décret
  Sera parfait !

La prise de corps est inique,
C'était contre la liberté ;
Mais, grâce à Dieu, la République
Comprend mieux la fraternité ;

On est au rang des gens honnêtes,
Quoi qu'on puise en d'autre gousset.
  Pour qu'un décret
  Ait de l'effet,
Décrétez donc que sans craindre un protêt
 On ne parlera plus de dettes :
  Votre décret
  Sera parfait !

En suivant certaine maxime
Dans un certain journal, dit-on,
Le vol ne sera plus un crime,
Ainsi le veut Monsieur Proudhon.
A son avis il faut se rendre ;
Pour ceux qui n'ont rien, en effet ;
  Pour qu'un décret
  Ait de l'effet,
Décrétez donc, en dépit du parquet,
 Qu'on aura le droit de tout prendre :
  Votre décret
  Sera parfait !

Puisque l'on dit qu'en République
Il faut que chacun ait son droit ;
La femme se fait politique,
Et paraît chaude en cet endroit ;

On la voit, oubliant sa cotte,
Au club exercer son caquet.
Pour qu'un décret
Ait de l'effet,
Décrétez donc qu'on pourra sans méfait
Désormais la voir sans culotte :
Votre décret
Sera parfait !

Nous ne sommes plus des esclaves,
Que l'égalité soit partout!
Plus d'impôts, de frein ni d'entraves,
Enfin, soyons exempts de tout !
Et s'il est un droit sur la terre,
Qu'il nous soit dû, tout au complet :
Pour qu'un décret
Ait de l'effet,
Représentants, décrétez nous tout net,
Qu'on aura le droit de tout faire :
Votre décret
Sera parfait !

ALP. TOIRAC,
Membre associé.

LA PROPAGANDE.

AIR *connu.*

D'un nom baroque pour chanson
Le sujet m'échut en partage,
J'aurais bien voulu dire non,
Mais je dois chanter, c'est l'usage ;
Je vais me creuser le cerveau,
Et pour que nul ne me gourmande,
Bien ou mal, messieurs du Caveau,
Je vais chanter la propagande.

Les propagateurs de la foi
Jadis s'en allaient jusqu'en Chine,
Afin d'y répandre leur loi
Et faire adopter leur doctrine ;

Dans nos pays, pas n'est besoin,
Tant du jour la sottise est grande,
De se transporter aussi loin,
Pour faire de la propagande.

Icare s'éleva dans l'air,
Au moyen d'ailes et de cire,
Puis, précipité dans le mer,
Il fut puni de son délire ;
Chez nous, un songe-creux prétend
D'Icariens former une bande,
Mais l'esprit bublic est si grand
Qu'il entrave sa propagande.

La beauté propage l'amour,
L'esprit propage la saillie,
Le savant propage le jour,
Le fou propage la folie ;
L'artiste propage le son,
Et la femme la contrebande ;
Vous, vous propagez les chansons :
Chacun fait de la propagande.

Le vieux Jean veut un héritier
Et contracte enfin mariage,

Mais c'est en vain sur le métier
Qu'il remet vingt fois son ouvrage ;
Étonné d'être peu fécond,
La cause au docteur il demande,
Qui l'examine et lui répond,
Plus ne ferez de propagande.

A. Fouache,
Membre associé.

LA BLOUSE.

Air *des Fraises.*

A moins qu' pour faire d' l'effet,
D' fil d'or on ne la couse,
Moi, j' dis qu'un pauvre sujet,
S'il en fut, à coup sûr c'est
    La blouse. (*ter.*)

J'irais à pied, comme à ch'val,
    A Toulouse,
    A Mulhouse ;
L' voyag' ne m' plairait pas mal,
D' plus, il s'rait sentimental,
    En blouse.   (*ter.*)

Tel grand qu'on semble adorer,
N' vaut pas une talmouse ;
Dût-on cent fois l' décorer,
On m' verra lui préférer
    La blouse.   (*ter.*)

D'puis queu'qu' temps, j'ons vu priser
Plus que jamais la blouse :
Maint fat que j' peux préciser,
Pour se populariser,
    Se blouse.   (*ter.*)

S'i s' présente un mauvais pas
Où faut qu'on en découse,
Par la vigueur de ses bras,
Qui va s' tirer d'embarras ?
    La blouse.   (*ter.*)

Monsieur Denis, un' fois l'an,
A madam' son épouse,
Tourne un compliment galant,
Et souvent, au dénouement,
    Se blouse.   (*ter.*)

Jeun's vainqueurs d'appas naissants,
Méfiez-vous de la p'louse :
C' tapis verts sont si glissants,
Qu' vous allez à contre-sens
      D' la blouse.   (*ter*)

D' patoiser j'ai du souci ;
Mais, (je vous l' donne en douze !)
Pourquoi l'ai-j' fait cett' fois-ci ?
Dit's moi si j'ai réussi,
      En blouse (*ter*.).

CADET-GASSICOURT,
Membre associé.

LE COMMUNISTE.

Air *de la Valse de Rossini.*

J' suis communiste,
J' suis sur la liste
Des sauveurs de la nation.
J' dis qu' pour être libre,
Dans l' bon calibre,
Faut vivre en révolution,
Il faut vivre en révolution.

Puisque nous t'nons enfin la République,
Faudrait-il pas s'arrêter en chemin ?
Pour un quart d'heur' souffrez que j'pos' ma chique ;
J' vais vous prouver qu'on peut marcher bon train.
J' suis communiste, etc.

On dit qu'il faut à la têt' des affaires,
Des gens taillés pour le Gouvernement :
L' Gouvernement, tout ça c'est des manières,
J' l'avons détruit... à quoi qu' ça sert maint'nant ?
  J' suis communiste, etc.

Gn' ia ty d'aucun qui veul'nt êtr' plus qu' les autres,
Qu'ils y vienn'nt donc! j' suis ben ais' d'en juger;
S'ils ont d' l'esprit, tous ces fameux apôtres,
Comme tout l' reste on doit se l' partager...
  J' suis communiste, etc.

Le temps que j' mets à coudre un' pair' de bottes,
On dit qu' Vernet fabriqu'rait deux tableaux.
Moi j' gagn' six francs quand je n' fais pas d' ribottes.
Son gain doit êtr' comm' le mien au mêm' taux...
  J' suis communiste, etc.

Pour ses moutards on s' donnait trop de peines ;
C'est d' la bêtise, et bientôt ça chang'ra ;
J' pourrai sans crainte en avoir des douzaines,
Puisqu'à l'av'nir l'État s'en chargera.
  J' suis communiste, etc.

J'aurai ma part de truffes, de champagne,
De fins beeftecks, de volaill's ou d' pâté ;
J' pourrai louper, si le sommeil me gagne,
Car autrement c' n'est pas d' la liberté.

  J' suis communiste, etc.

De mon voisin la p'tit' femme est gentille,
Mais l' cod' civil me gên' pour le moment ;
Quand gn' y aura plus ni ménag' ni famille,
Chacun du moins suivra son sentiment.

  J' suis communiste, etc.

L' propriétaire est un êtr' plein d' malice,
C'est un floueur, on n' peut plus le nier;
Aussi, de peur de d' venir son complice,
J' soutiens qu' j'ai l' droit de ne pas le payer.

  J' suis communiste, etc.

L' crédit, dit-on, ramènera l'aisance,
La confiance est son point de départ ;
Grands mots qu' tout ça... je suis plein d' confiance,
Pourtant, d' crédit on n' veut m'en fair' null' part.

  J' suis communiste, etc.

Monsieur d'Rotschild a pt' êtr' cent millions d' rente,
Moi, j'en d'mand'rai seul'ment pour mille écus ;
L'égalité, v'la notre unique attente,
Tous l'un comm' l'autre, y n' nous en faut pas plus.
   J' suis communiste, etc.

On s'ra toujours sûr d'avoir d' la fortune,
L' bien d' Pierre et d' Paul, n'est-il pas l'bien d'chacun ?
J'irai puiser à la bourse commune ;
Voilà comment j' comprends l' bonheur commun.

   J' suis communiste,
   J' suis sur la liste
  Des sauveurs de la nation :
   J' dis qu' pour être libre,
   Dans l' bon calibre,
  Faut vivre en révolution,
  Il faut vivre en révolution.

      Auguste GIRAUD,
       Membre titulaire.

LA RETRAITE.

AIR : *J' n'ai pas l'honneur de vous connaître.*

Mes amis, je dois l'avouer,
J'éprouve un terrible déboire ;
Avec le sort, pour me jouer,
Vous fûtes d'accord, c'est notoire ;
De l'été j'effleure le seuil,
J'ai, dieu merci, toute ma tête,
Et quand, je le dis sans orgueil,
Je possède bon pied, bon œil,
Vous me mettez à la retraite !

Pourtant, heureux le citadin
Qui de ses actions le maître,
Consulte en paix, chaque matin,
L'aiguille de son baromètre
Sans crainte va voir couler l'eau,

Innocemment lit la gazette,
Dîne, si le temps est au beau,
Avec la salade et le veau,..
Et rentre quand bat la retraite !

Joyeux d'une permission
De dix heures, le beau Larose,
Dans les champs, avec Marion,
Va cueillir la fleur fraîche éclose.
Mais l'heure vient... partir sitôt !
Dit la trop sensible fillette.
Le guerrier, qui se sent capot,
Lui répond : ma belle, il le faut...
Voici l'heure de la retraite !

Nous voyons, dans l'antiquité,
Xénophon, général habile,
Conquérir l'immortalité
Par la retraite des *dix mille*.
A l'ennemi, qu'il sut frustrer
De la gloire de sa défaite,
Maurice, (1) plus tard, sut montrer
Comment on pouvait s'illustrer,
En opérant une retraite !

(1) Maurice de Saxe, maréchal de France, célèbre par sa retraite dans les Marches.

Quoi ! parce que du cœur humain
Vous avez fait la triste étude,
Irma, dites-vous, dès demain,
Vous vivez dans la solitude !
Quelque puisse être ce séjour
Avec vous, belle Anachorète,
Je n'hésiterais pas un jour,
Si vous partagiez mon amour,
A partager votre retraite.

Lorsqu'oubliant les maux présents,
On croit au pays de Cocagne,
Aux gages, aux vœux, aux serments,
Lorsqu'enfin on bat la campagne,
Lorsqu'on voit gothique *Renaud*
Le givre saupoudrer sa tête,
Lorsqu'on ne peut plus, bien penaud,
Battre le fer, quand il est chaud...,
Il faut alors battre en retraite.

Vous qui marchez contre Cypris,
Tambour battant, mèche allumée,
Assez souvent, sans avoir pris
Le soin d'éclairer votre armée,
Vous pourrez entrer... triomphant

Jusqu'au cœur de votre conquête;
Mais là le revers vous attend,
Et par fois un regret cuisant
Change la victoire en retraite.

Sage qui borne tes désirs
A la possession tranquille;
D'un réduit cher aux doux loisirs,
Loin de la cour et de la ville,
Qui du sort bravant les hasards
Dans sa félicité discrète,
Loin des sots, des fous, des bavards,
Voit l'amour, l'amitié, les arts,
Venir embellir sa retraite !

L'être du genre féminin,
Produit de ma muse fantasque,
Malgré son air naïf, bénin,
Vous le voyez, lève le masque ;
Comme la faiblesse serait
Un crime, ici, rien ne m'arrête,
Comme un aussi mauvais sujet
Doit être châtié, tout net,
Moi, j'avais battu... la retraite.

A. SALIN,
Membre titulaire.

LE TOCSIN.

Air : *Un cordelier de sa voix fait parure.*

Par la misère et la fureur accrue,
Lorsque l'émeute inondant chaque rue
    Gronde soudain,
Glaçant la peur, exaltant la vaillance,
Quel son plaintif de nos clochers s'élance ?
    C'est le tocsin } bis.
Qui fait battre mon sein.

Mais tout s'est tu, canon, beffroi, mêlée,
Et dans tes bras, ma belle échevelée,
    J'accours enfin !...
Ah ! quand vers moi ton cœur se précipite,
Qu'il chante et pleure, et bondit, et palpite,
    C'est le tocsin
Qui fait battre mon sein.

Triste cadran sonnant l'heure prochaine,
Maudit sois-tu, qui me rends à ma chaîne;
  Réveil matin !...
Mais, grâce à Dieu, le temps fuit, je suis libre :
Un, deux, trois, quatre ! oh ! cet appel qui vibre,
  C'est le tocsin,
Qui fait battre mon sein.

Si je m'égare à travers les vallées,
J'aime beaucoup des cloches ébranlées,
  L'accord lointain ;
Mais j'aime mieux quand, signal du service,
J'entends tinter le coucou de l'office :
  C'est le tocsin
Qui fait battre mon sein.

Mets savoureux, vieux vins, chansons jolies,
Qui pourrait donc à vos mille saillies
  Rester d'airain ?...
Ah ! les flons flons, le choc des gaudrioles,
Le cliquetis des couplets et des fioles,
  C'est le tocsin
Qui fait battre mon sein.

Mais Séraphine est seule en sa demeure :
Du rendez-vous bientôt va sonner l'heure :
    Adieu, festin !
Deux fois six coups, chiffre qui m'aiguillonne,
Contre l'airain le marteau carillonne...
    C'est le tocsin
Qui fait battre mon sein.

                E. VIGNON,
                Membre titulaire.

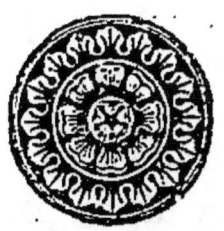

LE CAMP.

Air : *Eh! ma mère, est-c' que j' sais ça*

Une dépêche m'arrive,
C'est un arrêt du destin,
Qui me met sur le qui vive !
Et contresigné *Justin.*
Il m'assigne, le dirai-je...
Un pauvre sujet... mais quand
On est en état de siège,
On peut bien chanter le camp.

Mettons-nous donc en campagne,
Aussi bien ne dit-on pas
Qu'il faut contre l'Allemagne,
Nous préparer aux combats ?
Allemands, qu'il vous souvienne
Que Napoléon le Grand
Trois fois a fixé dans Vienne
Nos aigles et notre camp.

Aux Italiens la gloire
Rend un espoir généreux,
Qui leur vaudra la victoire,
Comme à leurs vaillants aïeux.
Annibal était aux portes...
Le Sénat vendit le champ
Où ses farouches cohortes
Osaient établir leur camp.

Se lever avant l'aurore,
Bâiller en la saluant,
Et puis rebâiller encore
En brossant son fourniment ;
Bâiller en montant sa garde,
Bâiller en la descendant,
Et culotter sa *bouffarde*,
C'est tout ce qu'on fait au camp.

Souvent après la bataille,
On voit que le général
Agréablement se raille
Du malheur de son rival.
Mais cet autre aussi se vante
D'un succès... bien évident ;
Et le *Te Deum* se chante
Dans l'un et dans l'autre camp.

On ne saurait sans vergogne,
Chanter le *Camp du drap d'or* ;
Honneur au camp de Boulogne !
Honneur au camp de Saint-Maur !
Puissent nos troupes fidèles
Y rester en camp volant,
Ne plus trouver de rebelles,
Et bientôt lever le camp !

Nos sveltes Vésuviennes,
Patrouillant avec ardeur,
Font, en bonnes citoyennes,
Le service intérieur.
La discipline est l'étude
De ce corps toujours fringant,
Qui brave la lassitude
Jusque sur le lit de camp.

Nous avons partout en France,
Et notamment à Paris,
Un état-major immense
Recruté chez les maris.
Son titre et sa renommée
Prouvent énergiquement
Qu'on trouve ailleurs qu'à l'armée
Bon nombre d'aides-de-camp.

Je pourrais, forçant ma verve,
Pendant une heure trois quarts,
Et rimant malgré Minerve,
Célébrer Bellone et Mars.
Mais de la vive satire
Je crains le fouet piquant ;
Vous finiriez par me dire :
Fournier, f... iche nous le camp !

FOURNIER,
Membre titulaire.

LES PRÉTENDANTS DE LA LIBERTÉ.

Air : *Bah! j'épouserai la meunière, etc.*

C'est en juillet mil huit cent trente
Que mes yeux s'ouvrirent au jour :
Un prince me trouva charmante,
Puis il m'exila de sa cour.
En février, sans plus attendre,
Vers moi vinrent mille galants.
Mon cœur ne se laissa pas prendre
Aux discours de ces *Prétendants*.

Je vis d'abord, fier de sa race,
Un gros garçon noblement mis ;
Il vanta ma taille, ma grâce,
Et compara mon teint au lys.

Ainsi que son aïeul si tendre,
Il me fit un royal serment.
Mon cœur ne se laissa pas prendre
Aux discours de ce *Prédendant*.

Ensuite un cadet de famille
Me dit (par procuration) :
Vous êtes ma foi plus gentille
Que votre révolution.
A vous plaire je dois prétendre,
Car mon neveu n'est qu'un enfant...
Mon cœur ne se laissa pas prendre
Aux discours de ce *Prétendant*.

Bref, un brun en capotte grise,
Escorté d'un énorme oiseau,
Jura que j'étais à sa guise,
En m'otant son petit chapeau.
Il ajouta, sachez vous rendre,
Car mon oncle était conquérant...
Mon cœur ne se laissa pas prendre
Aux discours de ce *Prétendant*.

Il ne faut pas qu'on s'imagine
Qu'un amant ne me tente pas ;

—Pour coiffer Sainte-Catherine
Dieu ne m'a point mise ici-bas.
Un brave Africain sait comprendre
De mon cœur chaque battement :
Je pourrai bien me laisser prendre
Aux discours de ce *Prétendant*.

JUSTIN CABASSOL,
Membre titulaire

L'ÉMEUTE.

Air : *De sommeiller encor, ma chère.*

Cherchant une rime à l'émeute
Quand je me donne un mal de chien,
Que sans peine je trouve *meute*,
Et qu'après je ne trouve rien :
Quand comme un malheureux je trime,
Et que j'arrive à constater
Que ce mot n'a raison ni rime,
L'émeute est pénible à chanter !

Quand un époux est par trop bête,
Qu'il croit sa femme une vertu,
Et que par cette femme honnête
Il est c..., content, battu ;
Quand le soir quelques jeunes drôles,
A la porte de ce mari,
Font un concert de casseroles,
L'émeute est un charivari.

Lorsque certains esprits malades
Ne rêvant qu'insurrection,
Poussent le peuple aux barricades
Pour servir leur ambition ;
Quand le sang coule dans la ville,
Quand on se bat de tout côté,
Et que c'est la guerre civile,
L'émeute est une atrocité.

Lorsqu'on entend un grand vacarme
Dans quelque cabaret, la nuit,
Que la présence du gendarme
Fait à peine cesser le bruit :
L'œil brillant, la face rougie,
Et peu ferme sur le talon,
L'émeute est une folle orgie
Qu'un archer conduit au violon.

Hier, je passais dans la rue,
Ou plutôt je ne passais pas,
Sur un point, la foule accourue
M'empêcha de faire un seul pas :
Curieux pourtant d'en connaître
Les motifs, et, le cou tendu,
Un peu plus avant je pénètre :
L'émeute était... un chien perdu.

Quand un peuple, las d'être esclave,
Se relève plein de fierté,
Et, comme le volcan sa lave,
Jette un long cri de liberté,
Il lègue aux pages de l'histoire
Une belle narration;..
Et l'"émeute, après la victoire,
Est une révolution.

Au diable l'émeute et la guerre!
Je suis ici pour m'amuser ;
Amis, emplissez donc mon verre,
Je ne crains pas de me griser.
C'est lorsque la jambe flageolle
Et festonne sur le parquet,
Qu'au milieu d'une gaîté folle,
L'émeute est un joyeux banquet.

Louis Protat,
Membre associé.

DOLÉANCES D'UN FLANEUR SUR L'ÉTAT DE SIÈGE.

AIR : *De la treille de sincérité.*

  L'état de siège
  Nous protège ;
Mais j'aime plus de liberté
Avec de moins de sécurité.

L'état de siège nous oblige
A rentrer vite à la maison ;
Ce qui par-dessus tout m'afflige,
C'est qu'on y vit comme en prison.
Sous une liberté sans leurre,
On pouvait prendre ses ébats ;
Mais aujourd'hui gare, après l'heure,
A qui cherche de doux combats !
  L'état de siège, etc.

Auprès de la jeune Claudine,
Hier, par le désir conduit,
Gai chevalier, à la sourdine,
Je l'escorte à son frais réduit :
Et, lorsque ma flamme discrète
Allait s'expliquer sans détour,
Le tambour battant la retraite,
Je bats en retraite à mon tour.
  L'état de siège, etc.

La nuit me couvre de son aile,
Et le sommeil officieux,
En dépit de la sentinelle,
Bientôt m'a su fermer les yeux.
Mais de sa couche diaphane
Dès que l'aurore va sortir,
Le roulement de la diane
A mon chevet vient retentir.
  L'état de siège, etc.

Tous les brocanteurs de la presse
Pouvaient, dans leur utile emploi,
Exerçant leur magique adresse,
Crier à toute heure une loi.

A notre époque, sans médire,
Au café, séjour du cancan,
A neuf heures on vient me dire :
Prends ta canne et fiche le camp.
  L'état de siège, etc.

De la foule observant la meute
Jusqu'à la porte St-Denis,
Je me complaisais dans l'émeute
De tous les badauds réunis.
Mais à présent, au moindre signe,
De nos politiques brouillons,
Une impitoyable consigne
Me force à jouer des talons.
  L'état de siège, etc.

Le matin, quand mes rêveries
Vont chercher de doctes appas,
On m'apostrophe aux Tuileries
De ces mots : on ne passe pas !
C'est encor peu d'un tel obstacle :
A six heures, presque aux abois,
Lorsque je veux voir le spectacle,
Que vois-je, visage de bois !
  L'état de siège, etc.

Sous la liberté, ma faconde
Planait sur le tiers et le quart,
Et sa verbosité féconde
Lançait plus d'un hardi brocard ;
Mais si, flâneur comme naguère,
Ma langue se met en émoi,
Tout-à-coup le conseil de guerre
M'écrit qu'il a besoin de moi.

      L'état de siège, etc.

Il est grand temps que je termine
Mes griefs contre le pouvoir ;
Et de peur qu'il ne m'extermine,
Je rentre enfin dans le devoir.
Citoyens que la crainte assiège,
Vous paraissez tout résignés ;
Mais qu'on lève l'état de siège,
Vous me verrez lever le nez.

    L'état de siège
      Nous protège ;
Mais j'aime plus de liberté
Avec moins de sécurité.

ALBERT-MONTÉMONT,
Membre titulaire.

LA RÉACTIONNAIRE.

Air *du Parnasse des Dames,*
Ou *du Vaudeville de l'Étude.*

Sous le régime monarchique
J'avais le cœur républicain ;
Aujourd'hui, sous la République,
Je regrette le droit divin.
Mon esprit réactionnaire
Me prête des charmes de plus,
Et mes caprices savent plaire
Même à nos modernes Brutus.

Les républicains de *la veille*
Ne trouvent chez moi que dédain ;
Parfois je prête un peu l'oreille
A ceux nommés du *lendemain ;*
Mais je l'avoue avec franchise,
Je réserve tout mon amour
A qui chez moi sait par surprise
Se déclarer *homme du jour.*

A présent c'est un vrai délire,
Sous le prétexte de progrès,
A huis-clos on parle, on conspire,
Ce qui n'est ni gai, ni français.
Ce club, où vont les femmes fortes,
De plaisir n'est que l'éteignoir ;
Alors qu'on fermera ses portes,
Moi, je rouvrirai mon boudoir.

De la liberté de la presse
Les excès sont chez nous connus ;
Je veux qu'on la bride sans cesse,
Afin d'arrêter ses abus.
D'ailleurs ce beau droit de tout dire
Occupe seul nos jeunes fous :
Il faut qu'on arrive à ne lire
Que nos amoureux billets doux.

Proudhon par ses discours m'excède :
Je dis, malgré cet entêté,
Que de l'amant qui me possède
Le cœur est ma propriété.
Jalouse comme une lionne,
Je ne veux pas qu'impudemment
Une communiste friponne
Vienne partager mon amant.

Si notre France si polie,
Chère aux amours, chère aux beaux-arts,
Cède et lâchement s'humilie
Sous nos farouches montagnards,
De son salut je désespère,
Et, malgré des avis prudents,
Dans ma sainte et digne colère,
J'ouvre ma chambre aux prétendants.

JUSTIN CABASSOL,
Membre titulaire.

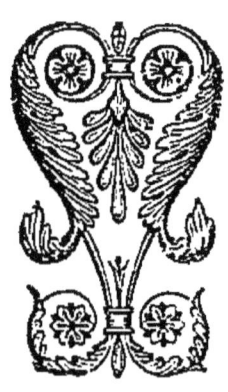

LA CARTOUCHE,

DRAME LYRIQUE DÉDIÉE A Mlle MASSON.

AIR : *Je veux que la crique me croque.*

Quand d'Austerlitz le grand Vainqueur
Foudroyait des hordes d'esclaves,
L'arme au bras et la rage au cœur,
Pleurait la réserve des braves...
Ainsi, Manon, frais et dispos,
Pour engager mainte escarmouche,
S'il faut rester l'arme au repos,
Je sens tressaillir ma cartouche.

Viens donc, et dérouille mes sens ;
Accours, aimable Vésuvienne,
Et que la charge en douze temps
Parmi nos plaisirs intervienne.
Avec un joyeux troubadour
Ferais-tu la sainte-nitouche ?...
Dieu t'a fait un fusil d'amour,
Et je possède une cartouche.

— Quoi ! nous serions deux pour charger ?...
— Eh ! oui, je le dis sans vergogne.
L'un l'autre il se faut soulager ;
Belle, partageons la besogne :
Je porte l'arme, et suis tout prêt ;
Mais se fendre, ce soin te touche...
A moi d'ouvrir le bassinet,
A toi de saisir la cartouche.

Ce doux manége, œuvre des doigts,
Prélude à mainte jouissance :
Par lui le chasseur aux abois
Souvent reconquit sa puissance.
Poursuis donc !... dût le sang en jaillir,
Et m'inonde comme une douche...
Ah ! je me pâme de plaisir
Quand tu déchires ma cartouche.

Mais le canon est amorcé,
Et l'arme, sans qu'elle chevauche,
De gauche à droite ayant passé,
Doit repasser de droite à gauche...
Ce jeu n'est-il pas bien gentil ?
O bonheur ! ta main peu farouche
Dans l'embouchure du fusil
Vient d'introduire ma cartouche.

Que tu sais bien l'y secouer !
Mais c'est à moi... de ma bravoure
S'il est permis de s'engouer,
Assurément c'est quand je bourre...
Et ce n'est pas en vain, Manon,
Qu'avec ton arme je m'abouche :
Jusque dans l'âme du canon
Je viens d'enfoncer ma cartouche.

MORALITÉ.

Ainsi je trompais mes ennuis
Avec la joyeuse Manette,
Et notre charge, au sein des nuits,
Roulait sans tambour ni trompette.
Que craindre ?... de lys est son teint,
Petite et vermeille sa bouche...
Le coup part... c'est moi qu'il atteint...
Hélas ! j'ai brûlé ma cartouche !...

E. VIGNON,
Membre titulaire.

	Pages.
PARADE, *Van Cleempulle.*	7
PATROUILLE, *Chartrey.*	26
PAVÉ, (le) *Lesueur et J. Cabassol.*	22
PRÉTENDANTS (les) de la Liberté, *Justin Cabassol.*	55
PROPAGANDE, (la) *Fouache.*	34
RÉACTIONNAIRE, (la) *J. Cabassol.*	65
REPRÉSENTANT, (le) *Bugnot.*	10
RETRAITE, (la) *Alp. Salin.*	44
TOCSIN, (le) *Vignon.*	48

FIN DE LA TABLE.

TABLE ALPHABÉTIQUE

DES

CHANSONS CONTENUES DE LE PRÉSENT RECUEIL.

                                      Pages.

BLOUSE, (la) *Cadet-Gassicourt*.   37
CAMP, (le) *Fournier*.   51
CARTOUCHE, (la) *Vignon*.   68
CLUBS, (les) *Moinaux*.   12
COMMUNISME, (le) *Aug. Giraud*.   3
COMMUNISTE, (le)   *id.*   40
CRÉDIT, (le) *Poincloud*.   19
DÉCRET, (le) *Alp. Toirac*.   30
EMEUTE, (l') *Protat*.   58
ETAT DE SIÈGE, (Doléances d'un Flâneur sur l')
        Albert-Montémont.   61
ORDRE DU JOUR, (l') *J. Lagarde*.   15